DIE REIHE
Archivbilder

FREIBURG
IM BREISGAU

Der 1890/91 erbaute Turm der Martinskirche bot den idealen Standort für Aufnahmen des Münsters gegen den Schlossberg.

DIE REIHE

Archivbilder

FREIBURG

IM BREISGAU

Peter Kalchthaler

SUTTON VERLAG

Sutton Verlag GmbH
Hochheimer Straße 59
99094 Erfurt
www.suttonverlag.de

ISBN 978-3-89702-502-8

Druck: Books on Demand GmbH, Norderstedt, Deutschland

Die Kaiserstraße erhielt in der Gründerzeit ein großstädtisches Gesicht. Die Aufnahme nach Norden mit dem Fischbrunnen entstand im Sommer 1906.

Inhaltsverzeichnis

Dank

Der Autor dankt dem Archiv der Stadt Freiburg, Herrn Archivdirektor i.R. Dr. Hans Schadek und dem jetzigen Leiter Dr. Ulrich Ecker für die Erlaubnis zum Abdruck der Bilder aus dem Röbcke-Bestand. Günther Wolf vom Stadtarchiv, der auch Einsicht in einen noch unveröffentlichten Katalogbeitrag zur Biografie von Georg Röbcke gewährte, hat die Bilder herausgesucht. Bei der Bildauswahl und der Datierung war Dr. Ulrich Tjaden behilflich. Seine vielbeachtete Zusammenstellung von Röbcke-Fotos für die 2001 im Augustinermuseum gezeigte Ausstellung „Jugendstil in Freiburg" bot den Anlass für diese Publikation.

Literaturhinweise

Bauen am Ende des Jahrhunderts. 100 Jahre Freiburger Architektenbuch 1898-1998. Begleitbuch zur Ausstellung des Museums für Stadtgeschichte im Augustinermuseum 27.11.1998-17.1.1999, Freiburg 1998.

Gut Licht! – Fotografie in Baden 1840-1930. Katalog zur Ausstellung im Badischen Landesmuseum Karlsruhe, 5.4.-24.8.2003, und im Augustinermuseum Freiburg, 26.9.-23.11.2003, Karlsruhe 2003.

BAUMEISTER, ANTON: *Freiburg so wie es war*, Düsseldorf 1978.

KALCHTHALER, PETER: *Freiburg im Breisgau in alten Ansichten*, Zaltbommel 2001.

KALCHTHALER, PETER: *Freiburg und seine Bauten*, 1994.

KLUGERMANN, GÜNTHER: *Freiburg. Ein verlorenes Stadtbild*, Gudensberg-Gleichen, 2000.

KLUGERMANN, GÜNTHER: *Alt-Freiburg. Auf den ersten Blick*, Gudensberg-Gleichen, 2000.

KRUMMER-SCHROTH, INGEBORG: *Bilder aus der Geschichte Freiburgs*, Freiburg 1970.

MÜLLER, HEINRICH: *Oberbürgermeister Dr. Otto Winterer – Ein Vierteljahrhundert Entwickelungsgeschichte der Stadt Freiburg*, Freiburg 1916.

MÜLLER-SCHILLING, HELMUT: *Alte Photos erzählen Freiburger Stadtgeschichten 1840-1944*, Freiburg 1976.

SCHADEK, HANS: *Alt Freiburg. Bilder einer Stadt*, Tübingen 1889.

SCHADEK, HANS: *Freiburg ehemals – gestern – heute. Die Stadt im Wandel der letzten 100 Jahre*, Stuttgart/Kiel 1997.

HAUMANN, HEIKO / SCHADEK, HANS (HRSG.): *Geschichte der Stadt Freiburg im Breisgau.* 3 Bände, Stuttgart ^{2}2001.

Einleitung

Im Jahre 1091 hatten die Herzöge von Zähringen ihre Residenz auf dem Schlossberg erbaut, zu deren Füßen eine Stadt angelegt wurde. Konrad von Zähringen verlieh der Siedlung 1120 das Marktrecht, damit hatte die Gründungsphase der Stadt ihren Abschluss gefunden. Ein vorbildliches Stadtrecht mit vielen Privilegien und Freiheiten ließ das Gemeinwesen rasch wachsen und gedeihen und schon im 13. Jahrhundert entstanden außerhalb der Mauer mit ihren fünf Toren die Vorstädte. Der letzte Zähringerherzog Berthold V. veranlasste den Bau einer neuen Pfarr- und Stiftskirche an Stelle des ersten bescheidenen Gotteshauses.

Den Zähringern folgten 1218 die Grafen von Freiburg als Erben nach. Ende des 13. Jahrhunderts kam es zum Konflikt zwischen der nach politischer Mitsprache strebenden Bürgerschaft und den Stadtherren. Im Jahre 1368 kauften sich die Bürger frei und unterstellten sich dem aufstrebenden Hause Österreich. Die Habsburger garantierten der Stadt ihren Schutz und förderten sie nach Kräften. Zum wirtschaftlichen Aufschwung nach einer lang anhaltenden Rezession im 14. und frühen 15. Jahrhundert trug Erzherzog Albrecht VI. von Österreich bei, der Freiburg zur Residenz seines Herrschaftsgebietes machte und zur Ausbildung der hierfür notwendigen Beamtenschaft eine Universität gründete. Noch mehr gilt dies jedoch für seinen Neffen Maximilian, dem man gerne eine besondere Vorliebe für Freiburg nachsagt. Nach der Reformation in Basel flohen viele Katholiken ins altgläubig gebliebene Freiburg, darunter der weltberühmte humanistische Gelehrte Erasmus von Rotterdam, der immerhin sechs Jahre blieb, und das Kapitel des Basler Domstifts, das erst 1679 in die Schweiz zurückkehrte.

Das 17. Jahrhundert brachte die bis dahin schwersten Einbrüche in der Stadtentwicklung. 1644 tobte südlich der Stadt eine der blutigsten Schlachten des Dreißigjährigen Krieges, an dessen Ende die Vorstädte in Schutt und Asche lagen. Frankreich war mit dem westfälischen Frieden 1648 an den Rhein gerückt und hatte Alt-Breisach behalten können, das den Brückenkopf für militärische Aktionen auf rechtsrheinischem Gebiet bildete, bis hin zur Eroberung Freiburgs durch französische Truppen im Herbst 1677. Ludwig XIV. ließ die Stadt durch seinen Ingenieur-Architekten Sébastien de Vauban zur modernen Festung ausbauen. Erst 1697 erhielten die Österreicher Freiburg zurück. Es wurde noch zwei Mal von den Franzosen belagert und eingenommen: im spanischen Erbfolgekrieg 1714 und im österreichischen Erbfolgekrieg 1744. Vor ihrem endgültigen Abzug im Frühjahr 1745 sprengten die Franzosen systematisch alle Festungswerke um die Stadt und auf dem Schlossberg.

Die zweite Hälfte des 18. Jahrhunderts verlief friedlicher, war aber bestimmt vom Bestreben der Regierung in Wien, ihre Zentralmacht zulasten der Regionen auszubauen. Die Reformen unter Maria Theresia und Joseph II. brachten vielerlei Einschnitte in die Selbstverwaltung von Stadt und Universität, andererseits aber auch die Neuregelung der Justiz mit der Abschaffung der Folter, die Verbesserung des Schulwesens und das Ende der Leibeigenschaft. Die letzten Jahre des Jahrhunderts waren geprägt vom Kampf gegen die Revolutionstruppen, die von Frankreich her an den Oberrhein drängten. Nach einem kurzen Zwischenspiel als Teil des Herzogtums Modena wurden Freiburg und der Breisgau 1806 aus Napoleons Hand dem zum Großherzog aufgestiegenen Markgrafen von Baden übergeben.

Im Jahre 1902 ist diese Fotografie des gerade aufgestockten Martinstores mit der unteren Kaiserstraße entstanden.

Die Freiburger waren zunächst nicht begeistert von dem neuen Landesherrn, der immerhin die Zähringer zu seinen Vorfahren zählen konnte, und hofften noch bis zum Wiener Kongress auf die Rückkehr unter die „milde österreichische Hand". Die Bestandsgarantie Großherzog Ludwigs für den Erhalt der Freiburger Universität und der Einsatz des Monarchen für die Errichtung des Bischofssitzes in Freiburg nahmen die Bürger für das Herrscherhaus ein. Großherzog Friedrich II. gelang es einerseits, nach den Revolutionsjahren 1848/49 das Volk mit seiner Herrschaft auszusöhnen und andererseits sein Land im deutschen Staatenbund unter Preußens Führung zu verankern. Am Ende des 19. Jahrhunderts war das Großherzogtum Baden mit seiner Residenz Karlsruhe und den beiden „Hauptstädten" Mannheim und Freiburg ein wichtiger Teil des Deutschen Reichs. Nach dessen Gründung 1871 hatte der Aufschwung eingesetzt, der sich im Stadtbild und im gesellschaftlichen Leben Freiburgs niederschlug. Mit der Prosperität der Stadt ging die Fortentwicklung der Universität einher, die nun endgültig von der Provinzhochschule zur überregional bedeutenden Stätte von Forschung und Lehre aufstieg.

Als am 10. Mai 1888 der neu gewählte Oberbürgermeister Otto Winterer sein Amt antrat, hatte die Entwicklung gerade eingesetzt. Winterer war 1846 in Ettenheim geboren worden, hatte unter anderem das Bertold-Gymnasium in Freiburg besucht und nach dem Abitur in Freiburg und Heidelberg Jura und Nationalökonomie studiert. Nach einigen Jahren im badischen Staatsdienst war er 31-jährig zum Oberbürgermeister von Konstanz gewählt worden, wo er sich in elf Jahren einen überregionalen Ruf als hervorragender Verwaltungsfachmann erwarb. Dies war der Grund für den Freiburger Stadtrat, Winterer um eine Kandidatur als Oberbürgermeister zu bitten. Freiburg hatte bei Winterers Amtsantritt 1888 gerade 40.000 Einwohner. An der Universität studierten keine 900 Studenten. 1912, ein Jahr vor dem Ende von Winterers Amtszeit hatte die Einwohnerzahl den Stand von 85.000 erreicht und an der Universität studierten mehr als 3.000 Studenten und (seit 1901) Studentinnen.

Zu den Maßnahmen, die Winterer schon im ersten Amtsjahr anpackte, gehörten unter anderem der Aufbau einer modernen, großstädtischen Infrastruktur mit Gas- und Wasserversorgung, die Anlage des Rieselfeldes, der Ausbau der Gewerbeschule, die Erweiterung des Hauptfriedhofs, der Bau von Arbeiterwohnungen im Beurbarungsviertel, aber auch die Erschließung und Neugestaltung des Waldparks auf dem Schlossberg. Nach Winterers oft zitierter Devise „Das Dorf hat Dächer, aber die Stadt hat Türme" erfolgte der Ausbau der Stadttore, nachdem eigentlich schon deren Abriss im Zusammenhang mit der Einrichtung einer elektrischen Straßenbahn diskutiert worden war.

Zu den wesentlichen Grundzügen von Winterers Politik gehörte das Bewusstsein einer Verankerung in der Geschichte, die sich für ihn vor allem in den historischen Bauten der Stadt widerspiegelte. Otto Winterers Einsatz für das Münster – der Oberbürgermeister war der Hauptinitiator des 1890 gegründeten Münsterbauvereins – oder der von ihm geförderte Ankauf der alten Universität und deren Ausbau zum Neuen Rathaus zeugen von dieser Haltung. Als Freiburg angemessene Baustile betrachtete die städtischen Hochbauverwaltung Gotik und Renaissance, die bei zahlreichen Neubauten eingesetzt wurden. Dem „modernen" Stil – heute als Jugendstil hoch geschätzt – stand man eher ablehnend gegenüber.

Auf Initiative oder unter Beteiligung der Stadt entstanden einerseits die Villenviertel in der Wiehre und in der Neuburg, das Theater und das neue Kollegienhaus der Universität, andererseits wurde das Programm zur Schaffung preiswerten Wohnraums für weniger bemittelte Bürger forciert. In allen Stadtteilen wurden neue Schulen errichtet und zahlreiche Einrichtungen für Alte, Kranke und sozial Schwache neu geschaffen. Zu den Errungenschaften der Wintererzeit gehörten die erste Schulzahnklinik in einer badischen Stadt oder die Einrichtung einer städtischen Vermittlungsstelle für Arbeitslose. Ein besonderes Anliegen Winterers war die Neuorganisation der Feuerwehr mit neuer Feuermeldezentrale und modernem Gerätepark.

Bei aller Bewunderung für das Stadtbild und die rasante Entwicklung der Stadt darf man nicht übersehen, dass die heutige Strukturschwäche Freiburgs bereits in der Politik der Wintererzeit begründet liegt. Nach dessen Vorstellungen sollte Freiburg systematisch zur Fremden- und Pensionärsstadt ausgebaut werden. Bewusst hatte man nach den Choleraepidemien in Hamburg und Bremen für den Zuzug einer betuchten Klientel nach Freiburg geworben, das seine naturnahe Umgebung und seine kulturelle Infrastruktur in die Waagschale warf. Dies bedeutete aber andererseits den Verzicht auf die Ansiedlung größerer Industriebetriebe über den Stand der 1870er-Jahre hinaus. Der Effekt der ungeheuren Investitionen in die „Pensionopolis" Freiburg blieb jedoch weit hinter den Erwartungen zurück. Dies musste Winterer selbst bei der Eröffnung des Stadttheaters am 8. Oktober 1910 einräumen, als er feststellte, dass die Stadt mit dem Neubau „in einen Zeitpunkt des Stillstandes des wirtschaftlichen Aufschwunges geraten" sei. An der Beliebtheit des Stadtoberhauptes quer durch alle Schichten der Bürgerschaft änderte dies nichts. Man war stolz auf den dynamischen und durchsetzungsfreudigen Oberbürgermeister, nach dem Motto eines Wagens beim Karnevalsumzug 1900: „Lass tosen nur der Rede Schlacht, wie Otto will, wird's doch gemacht!"

Den Zusammenbruch des Großherzogtums und des Deutschen Reiches, das ihn und seine Freiburger Zeitgenossen so geprägt hatte, musste Otto Winterer nicht mehr erleben. Kaum ein halbes Jahr nachdem er in Ruhestand gegangen war, starb er am 26. Februar 1915. Die Stadtplanung der 1920er-Jahre setzte neue Maßstäbe. Der Historismus war nun ebenso verpönt wie der Jugendstil, und in den 1930er-Jahren begann man vor allem in der Kaiserstraße mit der „Bereinigung" von historisierenden Fassaden. Als Idealbild galt Planern wie Karl Gruber und ab 1925 seinem Nachfolger Joseph Schlippe das von Spätmittelalter, Barock und biedermeierlichem Klassizismus geprägte Stadtbild vor dem Bauboom der Gründerzeit. Nach dem verheerenden Bombenangriff am 27. November 1944 hat Schlippe, bei aller eigenen Betroffenheit über den Verlust an Menschenleben und historischer Bausubstanz, die Zerstörung der Stadt durchaus als Chance begriffen und manches von den Ideen der 1930er-Jahre umgesetzt. Das im Bereich der Kaiserstraße weitgehend verschwundene Stadtbild der Wintererzeit lässt sich am besten noch in dem Quartier rund um das Martinstor nachvollziehen.

Ein wichtiger, wenn nicht sogar der wichtigste Chronist der Stadt und ihrer Umgebung, ihrer Gebäude und des Lebens ihrer Bürger um die vorletzte Jahrhundertwende ist der Freiburger Fotograf Georg Röbcke, dessen Bilder in diesem Band zusammengestellt sind. Röbcke steht in der Tradition der älteren Freiburger Lichtbildner wie Conrad Ruf, Gottlieb Theodor Hase und dessen Sohn Fritz oder seinem ersten Arbeitgeber Christof Clare, deren Arbeiten jedoch im Gegensatz zu Röbckes fast komplett erhaltenem bildnerischem Werk heute weitgehend verschollen sind.

Zur Welt kam Karl Louis Georg Röbcke am 7. August 1863 in Lüchow (Kreis Hannover). Der Vater hatte ein Malergeschäft und war auch fotografisch tätig. Er wurde der Lehrer des Sohnes, der nach dem Ende der Ausbildung mit seinem Bruder auf Wanderschaft ging. Nach Stationen in Trient, Bozen, Colmar und Heidelberg kam Georg Röbcke 1885 als Gehilfe zum

Freiburger Fotografen Christof Clare in die Luisenstraße 5. Die Landschaftsaufnahmen, die Röbcke in Clares Atelier anfertigte, erhielten schon zwei Jahre später auf der Oberrheinischen Gewerbeausstellung in Freiburg eine Goldmedaille. 1888 ging Röbcke für ein Jahr nach Hamburg und kehrte danach wieder in Clares Atelier zurück, wo er auch weiterhin die Landschaftsfotografie betreute, aber auch Aufnahmen vom Münster – im Auftrag des Münsterbauvereins – und von Schwarzwälder Trachten fertigte.

Drei Monate nach seiner Heirat mit Frida Graf machte sich Georg Röbcke am 1. Januar 1896 selbstständig, übernahm von seinem bisherigen Arbeitgeber Clare das Geschäft mit den Landschaftsaufnahmen und mietete den Laden mit Waren und Fotos. Am 2. September 1897 – wenige Wochen vorher war der Sohn Hermann zur Welt gekommen – erwarb Röbcke die badische Staatsbürgerschaft. Zum Jahreswechsel 1899/1900 löste er den mit Christof Clare geschlossenen Vertrag endgültig auf und kaufte das 1883 erbaute Wohn- und Geschäftshaus Ecke Kaiser- und Rempartstraße (siehe Bild S. 30 unten). Seine dort angesiedelte Firma wurde als „Georg Röbcke, Photographischer Verlag, Inh. Georg Röbcke, Photograph, Freiburg" ins Handelsregister eingetragen. Der Abbruch des benachbarten Breisacher Tores und die neue Führung der Gartenstraße machten den Ausbau des Anwesens notwendig. Es blieb bis heute nur wenig verändert erhalten.

Von Anfang seiner Selbstständigkeit an übernahm Röbcke auch Aufträge der Stadt. So fertigte er Fotoserien zum Neubau des Elektrizitätswerks, für die Festschriften zur Eröffnung des Neuen Rathauses 1901 und zur Einweihung des Stadttheaters 1910. Nach 1912 wurde er zum alleinigen Fotografen der Städtischen Sammlungen bestellt. Auch die Bebilderung des 1907 begonnenen und – kriegsbedingt – erst 1923 gedruckten Freiburger Bürgerhäuserwerks (Albert, Peter Paul / Wingenroth, Max: Freiburger Bürgerhäuser aus vier Jahrhunderten, Augsburg/Stuttgart 1923) ist Röbcke zu verdanken. Die Universität übertrug Röbcke die bildnerische Dokumentation ihrer Bauten, darunter die neue Universitätsbibliothek und das Kollegienhaus. In den Reihen „Alt Freiburg" – zwölf Folgen mit je zwölf auf Karton aufgeklebten und mit kleinen Erläuterungstexten versehene Bilder – und „Alte Bürgerhäuser" zeigte Röbcke malerische Winkel und historisch bedeutsame Gebäude der Stadt. Seine Panoramaaufnahmen von der Kreuzblume des Münsters (1889), von der Kuppel des Stadttheaters (1910) und vom „Salzbüchsle" auf dem Schlossberg (1912) sind heute wichtige Quellen für die Baugeschichte der Stadt.

Georg Röbcke ist am 27. Februar 1941 in Freiburg gestorben. Sein ältester Sohn Hermann, der seit Mai 1926 ständig im väterlichen Betrieb als Fotograf gearbeitet hatte, führte das Geschäft noch bis 1959 weiter. Die im Freiburger Stadtarchiv aufbewahrten Auftragsbücher Röbckes, die 1896 beginnen, enden 1959 mit fast 30.000 Nummern. Das Fotoarchiv mit den Glasplatten wird heute ebenfalls im Stadtarchiv aufbewahrt. Der größte Teil der Aufnahmen und Glasplattennegative vom Münster befindet sich im Archiv des Freiburger Münsterbauvereins.

1

Der Blick auf die Stadt

Ein Turm ist einziger Rest der einst bedeutenden Reichsburg oberhalb des Dorfes Zähringen, die den Freiburger Stadtgründern den Namen gab.

Von vielen Fotografen bevorzugt war der Blick auf Freiburg von der Eichhalde über Herdern und die Neuburg. Die Aufnahme stammt von 1901.

Restauration
zur
Eichhalde

Im Jahr 1910 nahm Georg Röbcke von der Kuppel des gerade fertig gestellten Stadttheaters ein 360-Grad-Panorama in zehn Einzelbildern auf. Oben ist das Gebiet zwischen der Neuburg und

Die beiden folgenden Bilder zeigen die südliche Altstadt, das Dreisamtal und die Wiehre am Fuß des Sternwaldes. Vorne sieht man den Rohbau des 1906 begonnenen neuen Kollegien-

der Altstadtmitte mit Bertoldstraße und Münster zu sehen.

hauses, rechts die Rotteck-Oberrealschule.

Ein weiterer Ausschnitt aus dem Panorama von 1910 zeigt den jungen Stadtteil Stühlinger jen-

Der Blick vom Lorettoberg über die 1653 gestiftete Kapelle zur Stadt zeigt Freiburg im Jahre 1897 noch ohne die zahlreichen neuen Turmbauten der „Wintererzeit“.

seits der Bahnlinie mit seinen zahlreichen Industrieanlagen und der Herz-Jesu-Kirche.

Auch die Türme der Herz-Jesu-Kirche ermöglichten interessante Aufnahmen, hier den Blick über die Stühlingerbrücke und das Stadttheater zum Schlossberg im Jahre 1914.

Im Jahre 1908 fotografierte Röbcke die Wiehre bis Günterstal vom Lorettoberg aus als Panorama in vier Aufnahmen. Sie zeigen insbesondere die bauliche Entwicklung im Gebiet zwi-

Die vierte Aufnahme des Panoramas zeigt Günterstal, ein beliebtes Ausflugsziel der Freiburger, das seit 1901 auch mit der Straßenbahn erreichbar war.

schen Goethe- und Holbeinplatz.

Am Fuß des Lorettobergs entstanden um die Jahrhundertwende zahlreiche Villen. Rechts die Kabinen des 1841 gegründeten Lorettobades. Seit 1886 bekrönte der zu Ehren von Erbgroßherzogin Hilda erbaute Turm den Berg mit seiner Wallfahrtskapelle.

Eine ländliche Idylle im Süden der Stadt: Frauen bei der Heuernte auf den Wonnhaldewiesen, um 1905.

Ein Blick über die Dächer der winterlichen Altstadt vom Münsterturm, November 1925.

2

Wege zur Stadt
Die Dreisambrücken

Das prächtige Entrée der Stadt bildete die nach der Zerstörung 1896 neu erbaute Schwabentorbrücke, hier im Jahre 1902.

Am Turm der Schwabentorbrücke erinnert eine Inschriftentafel an zwei beim Hochwasser 1896 umgekommene badische Staatsbeamte. Die Aufnahme gehört zu Röbckes Brunnenserie von 1913.

Schon zu Beginn des 20. Jahrhunderts waren die Dreisamuferwege – hier unterhalb der neuen Schwabentorbrücke – ein beliebter Spielplatz und Spazierweg der Freiburger Kinder.

Die Kaiserbrücke bildete mit der Lessingschule und der Johanneskirche ein interessantes städtebauliches Ensemble. Die Aufnahme datiert von 1911.

Bronzene Standbilder von vier römisch-deutschen Kaisern schmückten die 1902 vollendete Brücke. Sie wurden im Kriegsjahr 1942 als „Metallreserve" abgeholt.

Die Friedrichsbrücke (später Kronenbrücke) zwischen Gartenstraße und Kronenstraße verbindet die südwestliche Altstadt mit der Unterwiehre. Die Aufnahme entstand um 1910.

Die Friedrichsbrücke – hier im Jahr ihrer Fertigstellung 1902 – war zum 50-jährigen Regierungsjubiläum Großherzog Friedrichs I. gebaut worden. Pylone und Gitter fanden bei der 1976/77 erneuerten Schnewlinbrücke Verwendung.

3

Wege zur Stadt
Die Stadttore

Die Gartenstraße führte seit dem Festungsbau durch das barocke Breisacher Tor in die Stadt. Für die neue Straßenführung wurde 1903 der Osttrakt des Tores abgebrochen. Die Aufnahme stammt aus dem Jahre 1904.

Das aufgestockte Schwabentor wurde 1903 von Fritz Geiges mit dem Bild des Stadtpatrons Georg geschmückt. Die um 1910 entstandene Aufnahme zeigt noch die 1913 durch Neubauten ersetzten Nebengebäude und die Abzweigung zur Schlossbergstraße.

Niedriger als heute und mit einem schlichten Pyramidendach präsentiert sich das Schwabentor auf dieser um 1890 entstandenen Aufnahme. Gut erkennbar ist das barocke Schwabenbild über der Durchfahrt.

Der historisierende Ausbau nach Plänen von Carl Schäfer brachte das Schwabentor 1901 auf mehr als doppelte Höhe. 1954 wurde der Aufsatz größtenteils wieder abgetragen. Die Aufnahme stammt von 1904.

Auf diesem 1900 aufgenommenen Bild der Kreuzung am Bertoldsbrunnen überragt das Martinstor kaum die umgebende Bebauung.

1906/07 entstand das Eckhaus Kaiser- und Rempartstraße nach einem Entwurf Joseph Mallebreins für die Süddeutsche Disconto-Gesellschaft. Die Aufnahme zeigt es kurz nach der Fertigstellung und vor der wenig später erfolgten Erweiterung.

Auch das Martinstor erhielt 1901 einen Aufbau nach Plänen von Carl Schäfer, der es auf das Dreifache der einstigen Höhe brachte. Die Aufnahme ist 1902 datiert.

Matthias Vohl ist der Architekt des großen Wohn- und Geschäftshauses Ecke Kaiser- und Adelhauserstraße. Die Aufnahme zeigt es kurz nach der Fertigstellung vor 1901 mit dem noch unveränderten Martinstor.

Im Jahre 1902 fotografierte Georg Röbcke diesen eindrucksvollen Blick durch die noch ganz mittelalterlich geprägte Niemensstraße zum aufgestockten Martinstor.

Zwischen Gartenstraße und Kaiserstraße befand sich das Domizil der „Photographischen Kunstanstalt G. Röbcke“. Die Aufnahme entstand bald nach dem Teilabbruch des Breisacher Tores, der die Straßenführung veränderte.

4

Die Kaiserstraße Hauptachse der Stadt

Von der Spitze des Münsterturms herab entstand 1920 die eindrucksvolle Aufnahme der westlichen Altstadt mit der Kaiserstraße.

An Fastnacht 1899 mischten sich kostümierte Narren zu Fuß und auf Kutschen unter die flanierenden Bürger beim Bertoldsbrunnen. Damals stand Freiburg noch im Bann des rheinischen Karnevals.

Auch auf diesem Bild – vermutlich 1902 aufgenommen – sieht man als Pierrot oder Domino verkleidete Fastnachtsnarren auf der Kaiserstraße, auf der inzwischen die Straßenbahn verkehrt.

Eine große Zahl von Zuschauern flankiert die Kaiserstraße bei einem von Freiburger Vereinen und Firmen veranstalteten Kinderfestumzug im Juli 1913.

Geschäftshäuser des Historismus prägten seit etwa 1880 zunehmend die Kaiserstraße. Röbckes Foto, aufgenommen auf Höhe der Münstergasse nach Norden, ist um 1902 entstanden.

Zu den höchsten Festtagen der Stadt gehörte seit dem 14. Jahrhundert der „Herrgottstag“ – Fronleichnam. Die Aufnahme der Prozession von 1905 zeigt das Allerheiligste vor dem Martinstor.

5

Freiburgs Brunnen

Zwischen 1908 und 1914 fertigte Röbcke eine Serie von Bildern der Freiburger Brunnen. Hier ist der Brunnen vor dem alten Werkstattgebäude der Münsterbauhütte an der Herrenstraße zu sehen.

Kurz nach der Fertigstellung des „Kapferhauses" Ecke Kaiser- und Salzstraße 1906 ist diese Aufnahme des Bertoldsbrunnens entstanden. Er wurde 1807 als Denkmal für die Zähringer errichtet.

Der spätgotische Fischbrunnen – er steht heute auf dem Münsterplatz – hatte bis 1807 auf der Hauptkreuzung der Stadt gestanden und war danach an die Münstergasse versetzt worden. Das große Becken wurde 1901 für die Straßenbahn verkleinert. Die Aufnahme entstand 1909.

In der nördlichen Kaiserstraße wurde an Stelle des Christophsbrunnens 1868 der Albrechtsbrunnen aufgestellt. Er sollte an den Universitätsgründer Albrecht VI. von Österreich erinnern. Den Sockel schmückten die Allegorien der vier Fakultäten. Die Aufnahme stammt aus dem Jahre 1909.

Ebenfalls von 1909 stammt die Aufnahme des Siegesdenkmals. Es war 1876 vor der barocken Karlskaserne aufgestellt worden. Der Jugendstilbau am Nordende der Kaiserstraße stammt aus dem Jahre 1904.

Eine barocke Marienstatue schmückt den 1861 erneuerten Oberlindenbrunnen, den Röbcke 1913 aufnahm.

Vor dem Bertold-Gymnasium stand der 1868 zu Ehren des Freiburger Humanisten und Rechtsgelehrten Ulrich Zasius (1492-1556) von Wilhelm Walliser gestaltete Brunnen. Die Aufnahme entstand 1913.

Als Fassade des neuen Hochbehälters der städtischen Wasserversorgung im Sternwald oberhalb der Wiehre wurde 1899 das Stadtsiegel in monumentaler Form als „Wasserschlössle“ erbaut. Die Aufnahme entstand 1913.

Um die Wende vom 19. zum 20. Jahrhundert zog der „moderne“ Baustil auch in die Vorstädte ein, wie diese Aufnahme der Kirchstraße von etwa 1905 zeigt. Der spätbarocke Sebastiansbrunnen war 1831 aus der Salzstraße in die Wiehre versetzt worden.

1909 wurde der Sebastiansbrunnen an den Annaplatz nördlich der Pfarrkirche Sankt Cyriak und Perpetua versetzt. Dabei erhielt er ein neues Becken aus Kunststein. Die Aufnahme datiert von 1913.

6

Mittelpunkt der Stadt Das Münster

Über ein halbes Jahrhundert versah Salomon Baldinger (1825-1919) seinen Dienst als Feuerwache in der Türmerstube auf dem Münsterturm. Hinter ihm sieht man das alte Alarmhorn und die ledernen Löscheimer, um 1900.

Die Aufnahme des Münsters von Südosten wurde nach 1925 vom Turm der Konviktskirche aus angefertigt.

Wegen der schwierigen Beleuchtungsverhältnisse wurde die Nordseite des Münsters nur selten fotografiert. Sie ist insgesamt schlichter gestaltet als die Südseite. Die Aufnahme entstand um 1900.

Im Jahre 1913 hatte die Münsterbauhütte mit der umfassenden Sanierung des Hauptturms begonnen. Der Ausbruch des Ersten Weltkriegs brachte die Arbeiten ins Stocken.

Erst 1919 hatte das hölzerne Gerüst die Turmspitze erreicht. Die Aufnahme zeigt das Meisterwerk der Zimmermannskunst mit dem Richtbaum.

Die Aufnahme von 1919 zeigt die durch Blitzschlag vielfach beschädigte und reparierte Kreuzblume des Hauptturms. Das über drei Meter hohe Bildwerk wurde 1920 ausgetauscht.

1911 hatte der Münsterbauverein seine neuen Gebäude an der Schoferstraße bezogen. Hier befinden sich noch heute die Verwaltung des 1891 gegründeten Vereins sowie das Archiv, die Sammlungen und die Werkstatt der Münsterbauhütte. Die Aufnahme stammt von 1920.

Mitarbeiter der Bauhütte sind hier um 1905 mit Münsterbaumeister Friedrich Kempf (links) in der Gipsabgusssammlung des Münsterbauvereins versammelt.

Die um 1350 für das Grab von Graf Friedrich II. von Freiburg geschaffene Liegefigur wurde im 16. Jahrhundert im südlichen Seitenschiff des Münsters aufgestellt und galt lange als Abbild von Herzog Berthold V. (gest. 1218), dem letzten Zähringer.

Im Strebewerk auf der Nordseite des Chors befindet sich das im 18. Jahrhundert zum Strebepfeileraufsatz umgearbeitete „Bäckerlicht“, einst die Totenleuchte vom Münsterfriedhof. Die Aufnahme entstand um 1900.

Filigrane Gebilde sind die Strebebögen des spätgotischen Hochchors, die den Schub der Gewölbe über das flache Steindach des Chorumgangs zu den Strebepfeilern leiten. Die Chorsüdseite hat Röbcke um 1900 aufgenommen.

Liliengekrönte Steine decken die Wasserrinnen der hochgotischen Strebebögen des Langhauses. Hier diejenigen der Nordseite in einer um 1900 entstandenen Aufnahme.

Vor dem reich profilierten Portalbogen zur Turmvorhalle stehen die barocken Pestsäulen mit den Stadtpatronen und der Muttergottes. Die Aufnahme trägt das Datum 1899.

Erst im Jahre 1620 fügte Münsterbaumeister Michael Glück die Renaissancevorhalle an die romanische Fassade des Südquerhauses an.

Aus dem südlichen Seitenschiff geht der Blick des Fotografen durch die Mittelschiffarkaden zur Nordseite des Langhauses mit der Schwalbennestorgel, um 1900.

Zwischen dem Mittelschiff des Langhauses und dem spätgotischen Hochchor liegt die dunkle Zone des ältesten Münsterteils – des romanischen Querhauses mit seiner Vierungskuppel.

Chorgestühl und steinerne Schranken des Chores sind neugotisch und erst um 1795 entstanden. Der 1516 vollendete Hochaltar von Hans Baldung Grien erhielt 1833 ein mächtiges Gesprenge nach einem Entwurf von Johann Dominik Glänz und seinem Sohn Franz Sales.

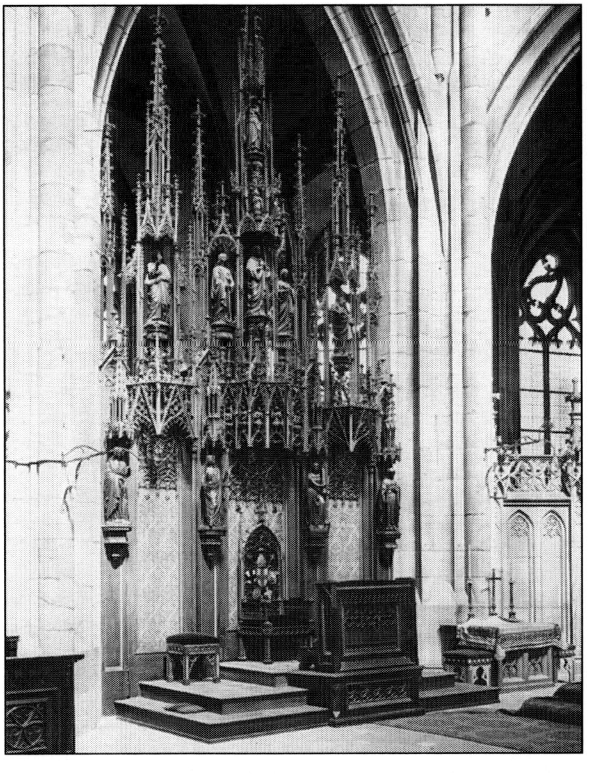

Ein Meisterwerk der Neugotik war der von Franz Sales Glänz 1845/48 geschaffene Bischofsthron. Der dreiteilige Aufsatz wurde im Zweiten Weltkrieg leicht beschädigt und wie das zuvor eingelagerte Gesprenge des Hochaltars nicht wieder aufgebaut.

Im Scheitel des Chores hinter dem Hochaltar liegen die beiden Kaiserkapellen, deren Glasgemälde vom Haus Habsburg gestiftet wurden.

Ein Blick in den nördlichen Chorumgang mit dem spätgotischen Schnitzaltar in der Lochererkapelle (links) und dem nicht mehr vorhandenen neugotischen Altar der Sotherkapelle.

Am Choreingang stifteten die Söhne des österreichischen Generalfeldzeugmeisters Franz Joseph Christian von Rodt ein prächtiges Grabmal, das Johann Christian Wentzinger 1745 vollendete. Die Röbcke-Aufnahme zeigt es vor den Beschädigungen im Zweiten Weltkrieg.

Ein weiteres Hauptwerk des süddeutschen Spätbarock ist der Taufstein in der Stürtzelkapelle, den Joseph Hör und Anton Xaver Hauser 1768 nach einem Modell Wentzingers ausführten.

Zu den schönsten Ansichten des Münsters gehört der Blick auf den Turm durch die Münstergasse wie auf dieser Aufnahme von 1902.

7

Der Münsterplatz
Die „gute Stube“ der Stadt

Die Fotografie von 1910 zeigt die Nordwestecke des Münsterplatzes mit dem Kaufhaus zum Geist – der Name erinnert an das einstige Heiliggeistspital –, dem klassizistischen Rückgebäude des Basler Hofs und dem 1498 erbauten städtischen Korn- und Tanzhaus.

Kurzwaren – Kämme – Honig: Messe auf der Nordseite des Münsterplatzes, um 1910.

Auf der Nordseite des Münsterplatzes feiern Studenten das 25-jährige Thronjubiläum Kaiser Wilhelms II. am 15. Juni 1913.

Warenmesse auf der Südseite des Münsterplatzes, um 1910.

Vor dem Depeschenbüro der „Freiburger Zeitung“ wartet eine Menschenmenge auf die Ergebnisse der Reichstagswahl vom 16. Juni 1903.

Der tägliche Markt auf dem Münsterplatz in den 1920er-Jahren.

8

Gotteshäuser und Friedhöfe

Die 1839 eingeweihte Ludwigskirche war das erste evangelische Gotteshaus in Freiburg. Architekt Heinrich Hübsch hatte die Zisterzienserabteikirche in Tennenbach abgebrochen und in Freiburg verändert wieder errichtet. Die Aufnahme stammt aus der Zeit um 1930.

Die ehemalige Franziskanerklosterkirche Sankt Martin war seit 1782 Pfarrkirche. Einen Turm ließ erst Stadtpfarrer Heinrich Hansjakob 1890/91 bauen. 1900 nahm Röbcke die Kirche und den Platz auf.

Die bedeutendste Bettelordenskirche der Stadt war die Dominikaner- oder Predigerkirche. Auf dieser Aufnahme von 1902 ist rechts der Giebel des zum Alten- und Pflegeheim Vincentiushaus umgebauten Langhauses zu sehen.

Dem um 1700 erbauten Kolleg der Jesuiten verdankte die Bertoldstraße ihren alten Namen „Jesuitengasse“. Die Aufnahme von 1899 zeigt deutlich die gegenüber heute geringere Breite der Straße.

Die hochbarocke Ausstattung der 1683 begonnenen Jesuitenkirche – seit 1773 Universitätskirche – mit dem mächtigen Hauptaltar von 1703/04 ging 1944 zu Grunde.

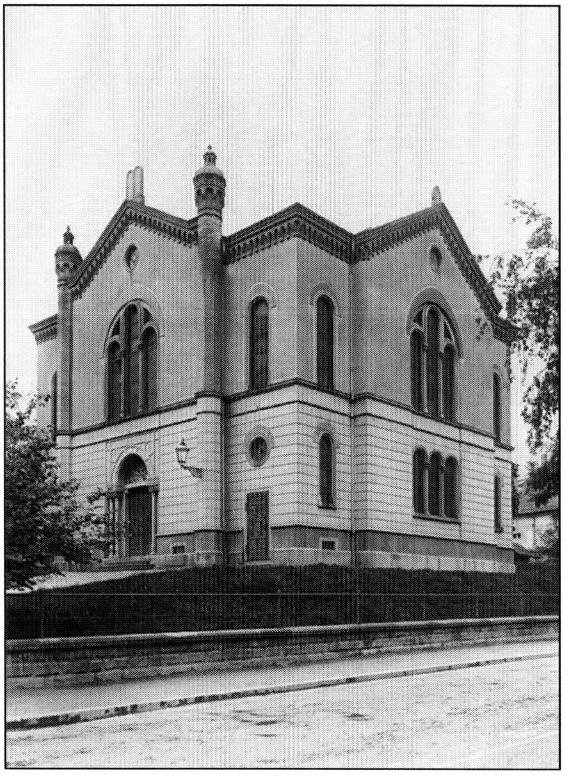

Fünf Jahre nach Gründung einer jüdischen Gemeinde in Freiburg wurde 1869/70 die Synagoge nach Plänen von Georg Jakob Schneider am Westrand der Altstadt erbaut. Das Bild zeigt sie im Jahre 1902. Sie wurde 1925/26 erweitert und in der Pogromnacht 1938 niedergebrannt.

Beim Alten Friedhof in der Neuburg entstand 1894/95 die stilvolle evangelisch-lutherische Kirche, die Friedrich Ploch geplant hat. Die Aufnahme ist um 1900 entstanden.

Der badische Oberbaurat Ludwig Diemer ist der Architekt der 1888/91 errichteten evangelischen Christuskirche in der Wiehre mit ihrem schlanken Turm, die Röbcke 1900 aufgenommen hat.

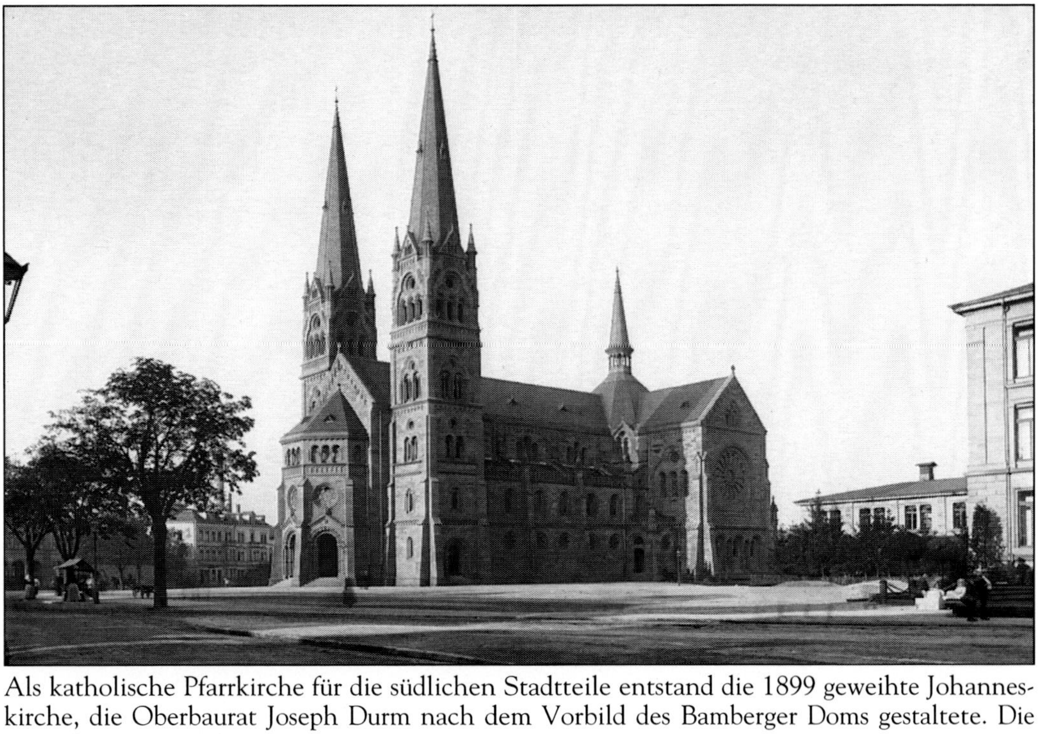

Als katholische Pfarrkirche für die südlichen Stadtteile entstand die 1899 geweihte Johanneskirche, die Oberbaurat Joseph Durm nach dem Vorbild des Bamberger Doms gestaltete. Die Aufnahme entstand um 1900.

Der Dom von Limburg an der Lahn inspirierte Diözesanbaumeister Max Meckel beim Entwurf für die Herz-Jesu-Kirche im Stühlinger. Die Aufnahme entstand bald nach der Fertig- stellung 1897.

Formen der Romanik vermischt mit Jugendstilornamentik wählte Meckels Nachfolger Raimund Jeblinger für das 1903 bis 1906 erbaute Erzbischöfliche Ordinariat an der Herrenstraße, hier in einer Aufnahme von 1927.

Im Zentrum des 1683 eingeweihten Alten Friedhofs im Stadtteil Neuburg steht die barocke Michaelskapelle mit Meßnerhaus. Nach der Aufhebung 1872 blieb der Friedhof als Park bestehen. Die Aufnahme stammt aus Röbckes erfolgreicher Serie „Alt-Freiburg".

Der Alte Friedhof beherbergt die Grabstätten zahlreicher Freiburger Persönlichkeiten, hier das Grab des Künstlers Christian Wentzinger, um 1920 aufgenommen.

Der Hauptfriedhof wurde 1872 eingerichtet. Das Hauptportal gehört zur Erweiterung der Anlage zwischen 1894 und 1899. Die Aufnahme entstand um 1900.

Kurz nach der Fertigstellung der Einsegnungshalle im Mai 1899 entstand die Fotografie vom künstlichen Weiher im Norden der Anlage aus.

9

„Der Bürger Wohl sei oberstes Gesetz“ Die Rathäuser

Großherzog Friedrich I. und Großherzogin Luise (hinter der Kutsche) vor dem Neuen Rathaus beim Besuch der Stadt am 2. Juni 1902 anlässlich seines 50-jährigen Regierungsjubiläums.

Noch ohne Figurenschmuck und mit leerem Zifferblatt zeigt sich das Neue Rathaus zur Fastnachtszeit 1900.

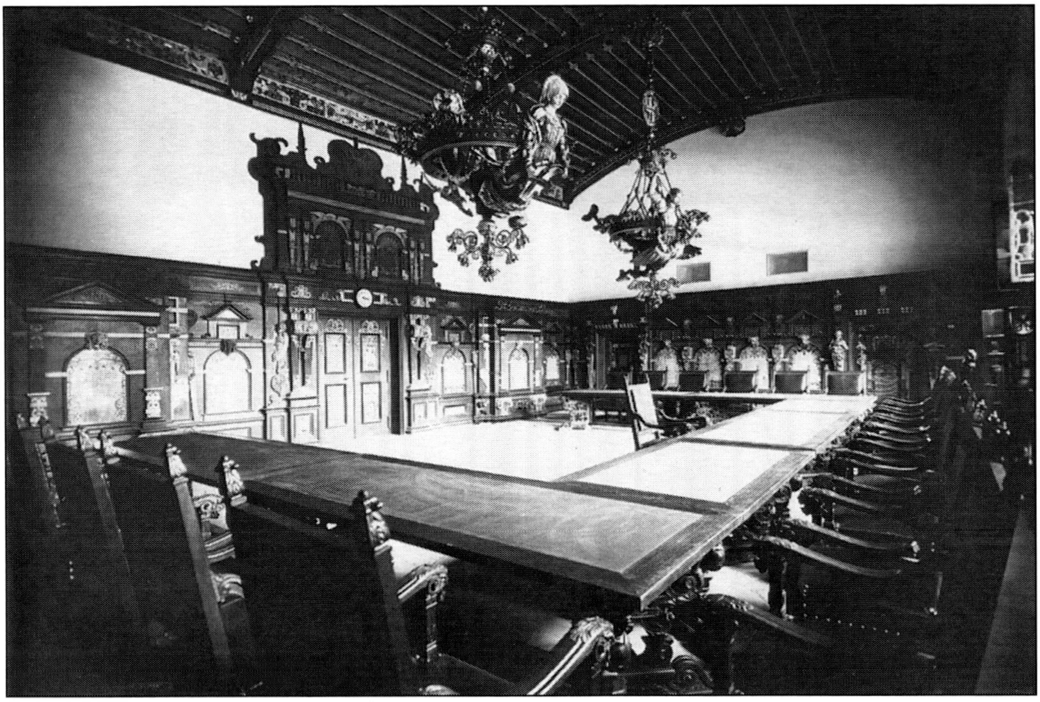

Mit hoher Täfelung, Holzdecke und geschnitzten Leuchtern im Renaissancestil präsentiert sich der passend möblierte Ratssaal im Neuen Rathaus nach seiner Fertigstellung im Jahre 1900.

Das Alte Rathaus war seit 1559 stets bemalt. Die jüngste Gestaltung hatte Fritz Geiges 1881 entworfen und 1886 erneuert. Die Aufnahme entstand um 1900.

Er machte Freiburg zur „schönsten Stadt Deutschlands“: Otto Winterer, Oberbürgermeister von 1888 bis 1913, in seinem Amtszimmer, 1906.

Die Liebe der städtischen Architekten zum Detail zeigt der Plansaal des Städtischen Hochbauamtes im Neuen Rathaus, aufgenommen 1900.

Wie viele der vorigen Bilder gehört auch diese Aufnahme der Eisenbahnstraße (heute Rathausgasse) von 1900 zu einer Fotoserie für die Festschrift zur Eröffnung des Neuen Rathauses im Oktober 1901.

10

Freiburger Bauten zwischen Mittelalter und Moderne

Der 1494/96 als Residenz von Maximilians Hofkanzler Konrad Stürtzel erbaute spätere Basler Hof nach der Umgestaltung 1891 durch Oberbaurat Joseph Durm.

Aus der Röbcke-Fotoserie „Alt-Freiburg“ stammt auch das vor 1900 aufgenommene Bild der Metzgerau mit dem Gewerbekanal.

Die 1898 aufgenommene Häuserzeile am Gewerbekanal zeigt die typischen Kleinbürger- und Handwerkerhäuser des alten Freiburg.

„Hintere Wolfshöhle“ war der alte Name der Konviktstraße, an den noch heute das Gasthaus „Wolfshöhle“ erinnert, das auf der Fotografie von 1910 quer zu den Häuserzeilen stehend in der Bildmitte zu sehen ist.

Der Basler Hof mit der vom berühmten Freiburger Künstler und Lokalhistoriker Fritz Geiges entworfenen Bemalung, aufgenommen 1919.

Das 1522 bis 1532 erbaute Neue Kaufhaus am Münsterplatz nach der Umgestaltung 1880/84. Die Aufnahme stammt aus dem Jahre 1900.

Das Kaufhaus im Jahre 1897 mit Marktständen. Bei der Neugestaltung 1880/84 war insbesondere der Dachbereich nach burgundischem Muster ausgeschmückt worden.

Stadtbaumeister Karl Gruber orientierte sich 1924/25 bei der Neugestaltung des Kaufhauses am ursprünglichen schlichteren Aussehen. Die Aufnahme entstand um 1925.

Max Meckel und sein Sohn Carl Anton schufen 1909/11 den Komplex der Sparkasse unter Einbeziehung des spätgotischen Hauses „Zum Walfisch“.

Zentrum der Städtischen Sparkasse ist der prächtige Erker des 1512/16 für den Schatzmeister Kaiser Maximilians erbauten Hauses, hier in einer bald nach dem Umbau 1911 aufgenommenen Fotografie.

Den virtuosen Umgang der Meckels mit modernen Baumaterialien – Beton und Glas – zeigt die neugotische Schalterhalle der Sparkasse. Die Aufnahme stammt aus dem Jahre 1911.

Eine aufwändige Gestaltung erfuhr auch die Rückseite des Hauses „Zum Walfisch" am Kartoffelmarkt, wo unter anderem der abgebrochene Treppenturm rekonstruiert wurde.

Das 1796 erbaute alte „Schneckenwirtshaus“ am Münsterplatz war 1825 als Waisenhaus eingerichtet worden und beherbergte seit 1901 die Stadtbibliothek, Foto um 1910.

An der Stelle des aus drei älteren Teilen bestehenden Gebäudes der seit 1737 bestehenden Hofapotheke soll 1146 Bernhard von Clairvaux logiert haben. Der Erker an der Münstergasse ist mit 1695 datiert. Die Aufnahme stammt von etwa 1905.

Den Eingang zur Salzstraße beim Bertoldsbrunnen dominierte das 1605 erbaute Haus „Zum Löweneck“ mit seinem prachtvollen Eckerker. Seit 1775 war hier eine Apotheke beheimatet. Die Aufnahme entstand um 1905.

Seit 1906 – zur Zeit der Aufnahme – befand sich das Haus „Zum Schönen Eck“, das sich der Künstler und Stifter Johann Christian Wentzinger nach 1761 als Wohnhaus neu erbaut hatte, in städtischem Besitz.

An der Salzstraße ließ sich 1769/73 der Präsident der Breisgauer Ritterschaft Ferdinand Sebastian von Sickingen-Hohenburg ein repräsentatives Stadtpalais errichten. Architekt war der Franzose Pierre Michel D'Ixnard.

In der kühlen Eleganz des Louis-Seize-Stils zeigten sich die 1944 völlig zerstörten Innenräume des Palais Sickingen – hier der Salon im Hauptgeschoss, um 1910.

Von monumentaler Wirkung war das Haupttreppenhaus im Seitenflügel. Zwischen 1885 und 1902 diente das Sickingen-Palais als erbgroßherzogliche Wohnung, nach 1918 als Residenz des abgedankten Großherzogs und seiner Gattin.

Zwischen dem Hauptbau des Palais' an der Salzstraße und der Schusterstraße lag der romantische Innenhof. Wie die anderen Bilder ist auch diese Aufnahme um 1920 entstanden.

Zu den schönsten Gebäuden des biedermeierlichen Klassizismus gehörte das vom Architekten Gottlieb Ludwig Lumpp 1823/26 für den Kaufmann Kapferer und die Museumsgesellschaft errichtete „Museum“ Ecke Kaiserstraße und Münstergasse, hier in einer Aufnahme von 1910.

Die Gräfin Maria Gertrudis de Zea Bermudez y Colombi ließ sich 1859/61 vom Freiburger Architekten Georg Jakob Schneider eine Villa im englischen Stil errichten. 1899 – zwei Jahre nach Röbckes Aufnahme – kam das „Colombischlössle“ in den Besitz der Stadt.

Noch vor dem Ausbau des benachbarten Sparkassenkomplexes entstand 1899/1900 das neugotische Gebäude der Gewerbebank, geplant von den Freiburger Architekten Paul Schuster und Kurt Holtz.

Max Meckel und sein Sohn Carl Anton waren die Architekten des 1904/05 aufgeführten Neubaus für das traditionsreiche Freiburger Bankhaus Krebs. Es schließt südlich an das im 16. Jahrhundert erbaute Eckhaus „Zum Klettenfels" an.

Im Jahre 1902 entstand die Aufnahme des gerade fertig gestellten Gebäudes der Reichsbank von Max Hasak am Karlsplatz, dessen Dekoration Elemente der Gotik und des Jugendstils verbindet.

Wegen seiner für Freiburg ungewöhnlichen Proportionen geriet der Jugendstilbau des Hauses Kapferer, den Hermann Billing 1905/06 am Bertoldsbrunnen errichtete, in die Kritik der Zeitgenossen.

Billings langjähriger Freiburger Partner Joseph Mallebrein entwarf das 1905/06 erbaute Wohn- und Geschäftshaus am Eingang der Hildastraße, in dem er selbst wohnte. Die Aufnahme entstand um 1910.

Die Architekten Robert Curjel und Karl Moser entwarfen die 1903 erbaute Villa Weyermann an der Mercystraße, einer der zahlreichen Jugendstilbauten am Lorettoberg. Die Aufnahme entstand kurz nach der Fertigstellung.

In der Zeit des Historismus knüpfte man vielfach an die Fassadengestaltungen des Spätmittelalters an, wie hier an der Rathausgasse beim Haus „Zum Meerwunder“ oder dem Eingang zur Alten Burse auf einem Bild von etwa 1900 zu sehen.

11

Stätten der Gastlichkeit Freiburger Lokale und Hotels

Das Hotel „Stadt Straßburg“ stand an der Metzgerau und wurde beim Bau der Universitätsbibliothek abgebrochen. Die Aufnahme ist vor 1900 entstanden.

Im Jahre 1845 hatte Freiburg seinen Eisenbahnanschluss erhalten. Den Bahnhof entwarf der Architekt Friedrich Eisenlohr. Kurz vor der Aufnahme aus dem Jahre 1890 war er umgebaut und erweitert worden.

An der Eisenbahnstraße unmittelbar beim Colombipark war das Hotel „Zur Post" erbaut worden. 1905/06 wurde es mit Jugendstilelementen modernisiert. Das Foto wurde um 1910 aufgenommen.

Eines der besten Freiburger Hotels war der 1861/62 erbaute „Zähringer Hof", der schon 1904 einen Personenaufzug besaß.

Großer Luxus umgab den Gast in der im Jugendstil umgestalteten Eingangshalle des „Zähringer Hofes". Die Aufnahme entstand wohl um 1910.

An Stelle der alten Mehlwaage und der alten „Hirschen"-Wirtschaft wurde 1889/90 der „Freiburger Hof" nach Plänen von Friedrich Ploch als Hotel und Geschäftshaus erbaut, das Röbcke vor 1900 aufgenommen hat.

Das Wohn- und Geschäftshaus „Zum Fahnenberg" ist 1890/92 erbaut worden. Das gleichnamige Restaurant zählte zu Freiburgs beliebtesten Gaststätten. Die Aufnahme entstand um 1900.

In der Engelgasse lag der Eingang zu Freiburgs ältestem Kaffeehaus „Zum Kopf“, das im Mai 1770 eröffnet worden war.

Zum Kaffeehaus „Zum Kopf“ gehörte ein großer Innenhof mit Wintergarten und Konzertpavillon.

Im Stil des Barock ließ die Riegeler Brauerei Mayer um 1910 ihre beiden Freiburger „Meyerhöfe" umgestalten. Die Fassade des „Großen Mayerhofs" zwischen Salz- und Grünwälderstraße erhielt 1908 Giebel und Malereien.

Die fröhliche Herrenrunde versammelte sich 1913 im „Hechinger". Das beliebte Bierlokal in der Salzstraße war 1880 als Frühstücksstube eines Delikatessengeschäftes gegründet worden.

Als Georg Röbcke 1907 dieses Bild aufnahm, war der erste Bauabschnitt des Friedrichsbaus vor dem Martinstor gerade fertig gestellt worden. Architekt war der Freiburger Joseph Ruh.

Nach Plänen von Arthur Levi wurde der Friedrichsbau bereits 1910 wesentlich erweitert. Im neuen Westteil befand sich eines der ersten Kinos in Freiburg. Die Aufnahme entstand 1911.

In der Kaiserstraße befand sich mit dem „Wiener Café" ein weiteres Kaffeehaus von großem Renommee. Es war 1888 eröffnet worden. Das Bild stammt aus dem Jahre 1907.

Auch außerhalb der Altstadt gab es größere Hotelbauten, so die Hotel-Pension „Hohenzollern" Ecke Günterstal- und Urachstraße, die Röbcke 1904 aufgenommen hat.

12

Theater, Theater

Vor dem Umzug des Theaters in seinen Neubau im Sommer 1910 nahm Röbcke eine Serie von Bildern im 1823 eröffneten alten Theater auf, hier der Blick in den Zuschauerraum.

Das vom Berliner Architekten Hermann Seeling im „modernisierten Barock“ entworfene neue Stadttheater gehörte zu den größten kommunalen Theatern im Reich. Die Aufnahme entstand nach der Eröffnung im Oktober 1910.

Nach dem Auszug des Theaters aus der ehemaligen Kirche wurde das Augustinereremitenkloster zum Museum umgebaut. Die Aufnahme von 1925 zeigt das Kloster inmitten der winterlichen Altstadt.

Die Bühne des alten Theaters mit dem Bühnenbild der Festwiese aus Richard Wagners Oper „Die Meistersinger von Nürnberg", die am 15. Mai 1910 als letzte Vorstellung gegeben wurde.

Das über zwei Stockwerke reichende Foyer im neuen Stadttheater war mit Stuck- und Mosaikarbeiten, Wand- und Deckenmalereien ausgeschmückt. Die Aufnahme datiert von 1910.

Der Blick zum Bühnenportal mit den Proszeniumslogen im neuen Theater zeigt wiederum die Festwiese aus dem Schlussakt der „Meistersinger“, der zur Eröffnung am 8. Oktober 1910 aufgeführt wurde.

Großen Zulauf, wie das Theater oder die Kinos, hatten um 1900 die Fotopanoramen, wie das 1906 aufgenommene Kaiserpanorama in der Alten Burse, wo man stereoskopische Ansichten lokaler Ereignisse oder Sensationen aus aller Welt betrachten konnte.

Fernsprecher Nr. 1171.

Photographische Kunst- und Verlagsanstalt

Georg Röbcke

Ecke Kaiserstrasse 144a — Freiburg i. B. — Rempartstrasse No. 2

Photographie: Einziges Spezialgeschäft am Platze für Landschaften, Architekturen u. gewerbliche Aufnahmen. Vergrößerungen nach jedem Bilde in künstlerischer Ausführung. Anfertigung von Klischee's

Projektionsbilder: Anfertigung nach jeder Vorlage in bester Ausführung.

Rahmenhandlung: Großes Lager in fertigen Rahmen u. Leisten. Einrahmungen aller Arten Bilder zu mäßigen Preisen.

Kunsthandlung: Heliogravuren, Lichtdrucke, Oelgemälde, Kunstdrucke, Photographien alter u. moderner Meister Photochrome, farb. Landschaften der Schweiz, Tirol, Italien, Palästina rc.

Sammlung von Original-Aufnahmen klassischer Denkmäler der Baukunst, Plastik und Malerei, ausgeführt in unveränderlichen Bromsilber-Photographien der Neuen Photographischen Gesellschaft Berlin.

Handlung photograph. Apparate Platten und Papiere sowie sämtliche Bedarfs-Artikel zur Photographie. – Niederlage von Kodak.

Dunkelkammern u. Satiniermaschinen z. freien Benützung f. Amateure

Uebernahme aller Photographischen Arbeiten

Institut zur Erlernung der Photographie

Eigener Verlag von **Schwarzwald-Ansichten** und kolorierten **Volkstrachten-Bildern**

Stereoskopen. — Ansichtspostkarten.

Zu haben an allen Plätzen mit Fremdenverkehr oder direkt.

Mit dieser ganzseitigen Anzeige stellte Georg Röbcke im Freiburger Adressbuch von 1908 sein Geschäft und seine Tätigkeitsbereiche vor.

13

Vivat Academia
Universität und Schulen

Das im Sommer 1911 vom Theater herunter aufgenommene Foto zeigt das neue Kollegiengebäude mit dem markanten Kuppeldach der Aula kurz vor der Fertigstellung.

Der zukünftige Bauplatz des Kollegienhauses mit der barocken Rempartkaserne, die 1777/81 als österreichisches Militärspital erbaut worden war. Die Aufnahme entstand kurz vor dem Abriss 1905.

Das Portal der Rempartkaserne zeigt die Wappen der Vorderösterreichisch-Breisgauischen Landstände, in deren Auftrag das Gebäude errichtet worden war. Die Aufnahme stammt von 1905.

Nach dem Abbruch der Kaserne präsentierte sich der künftige Bauplatz 1906 als freie Fläche mit Blick zur Löwenstraße.

Großherzog Friedrich I. als Rektor der badischen Hochschulen und Großherzogin Luise legten am 3. Juli 1906 den Grundstein für den Neubau. Im Hintergrund ist die Synagoge zu sehen.

MACHEN

Das von Hermann Billing entworfene neue Kollegienhaus im Jugendstil und die neugotische Universitätsbibliothek Carl Schäfers (heute Kollegiengebäude IV). Die Aufnahme entstand um 1930.

Großherzog Friedrich II. begrüßt als Rektor die Festversammlung vor dem feierlichen Einzug in das neue Kollegienhaus am 28. Oktober 1911. Sein Vater war schon 1907 gestorben.

Das Vestibül im Erdgeschoss des neuen Kollegienhauses mit dem heute verschwundenen Keramikbrunnen aus der Karlsruher Majolikamanufaktur, 1911.

Mit dem Bau der neuen Universitätsbibliothek am Südwestrand der Altstadt war 1896 der zukünftige Standort des Kollegienhauses festgelegt. Die Aufnahme zeigt den gerade vollendeten Bau, um 1903.

In den großen Innenhof von Carl Schäfers Bibliothek wurde beim Wiederaufbau des kriegsbeschädigten Gebäudes 1956/59 der Lesesaal eingebaut. Die Aufnahme entstand nach 1903.

Zu Beginn des Sommersemesters 1911, im Jahr der Eröffnung des Kollegienhauses, feierte die Stadt den 3.000. Studenten. Die Aufnahme zeigt den Festzug an der Friedrichsbrücke.

Der badische Staat ließ 1905/07 das Großherzogliche Lehrerseminar im Stil der deutschen Renaissance an der Schützenallee errichten. Architekt war Regierungsbaumeister Hermann Graf.

Das Friedrich-Gymnasium in der Neuburg wurde als zweites humanistisches Gymnasium neben dem Lyceum (seit 1904 Bertold-Gymnasium) nach Plänen von Oberbaurat Joseph Durm 1904/07 erbaut. Die Aufnahme stammt wohl aus dem Eröffnungsjahr.

Freiburger Abiturienten (und eine Abiturientin) im Jahre 1911.

Als Mädchenschule baute die Stadt 1899/1902 die Turnseeschule in der Wiehre. Architekten waren Stadtbaumeister Rudolf Thoma und Stadtarchitekt Matthias Stammnitz.

Eine weitere Ausbildungsstätte für die weibliche Jugend war die ebenfalls 1902 fertig gestellte Mädchen-Bürgerschule Adelhausen an der Marienstraße, hier in einer Fotografie von 1904.

14

Handel, Handwerk, Industrie

Eine Automobilausstellung der „Oberrheinischen Automobilgesellschaft“ im Jahre 1911 auf einer Wiese im Westen der Stadt. Die O.R.A.G. hatte lange Jahre ihren Sitz im „Opelhaus“ am Holzmarktplatz.

Die Fotografie von 1911 zeigt die Anlieferung von Papierrollen für die „Freiburger Zeitung" an das 1846 begründete Druckhaus H.M. Poppen & Sohn in der Grünwälderstraße.

Eine Druckmaschine für die „Freiburger Zeitung" im Druckhaus Poppen & Sohn, 1911. Die älteste Zeitung der Stadt erschien erstmals 1784 und wurde seit 1864 bei Poppen gedruckt.

Die Auslieferung der „Freiburger Zeitung“ per Rad und mit „Kinderwagen“ in der Gasse zum Druckhaus Poppen & Sohn vor dem Martinstor, 1911.

Carl Anton Meckel ist der Architekt des neobarocken neuen Stammhauses von Herder, Freiburgs bedeutendstem Verlag. Die Aufnahme von 1912 zeigt das gerade vollendete Gebäude.

Ein Blick in den Setzersaal des Herder-Verlags im Jahre 1912. Den Verlag hatte Bartholomä Herder 1801 in Meersburg am Bodensee gegründet. 1808 wurde er nach Freiburg verlegt.

Das 1901 in Betrieb genommene Gas- und Elektrizitätswerk im Stühlinger erhielt 1908/09 einen neuen Gasometer. Im Hintergrund rechts sieht man den Turm der Löwenbrauerei.

Der neue Gasometer und das Gaswerk im November 1909.

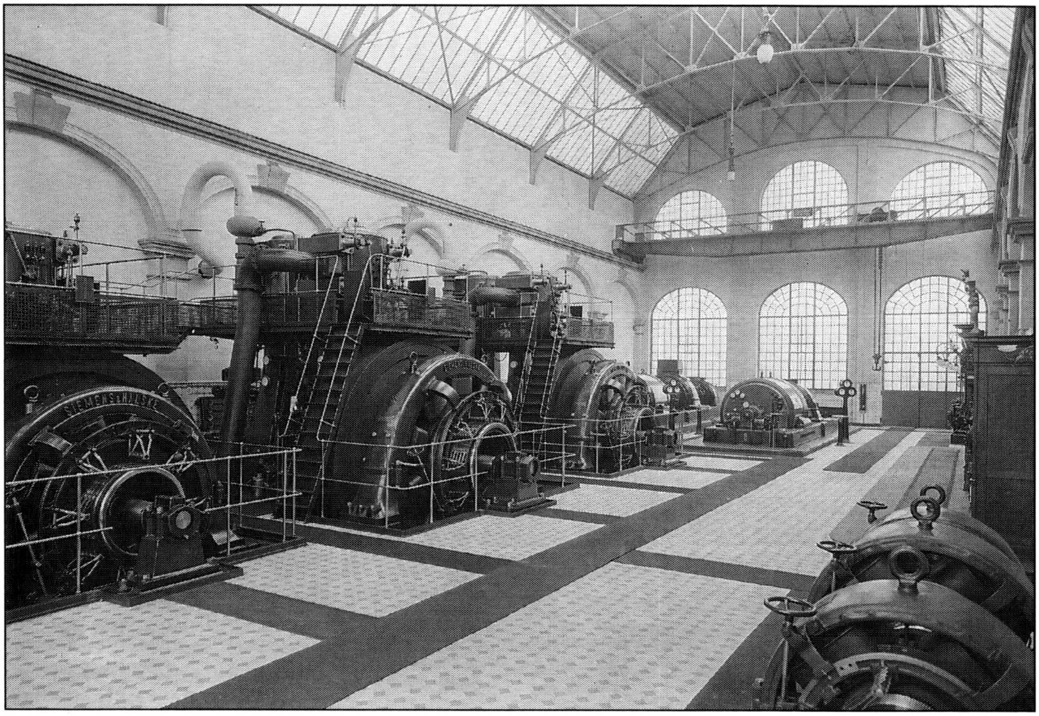

Ein eindrucksvolles Bild bietet die große Halle des städtischen Elektrizitätswerks mit den mächtigen Dampfturbinen zur Stromerzeugung. Die Aufnahme stammt aus dem Jahre 1911.

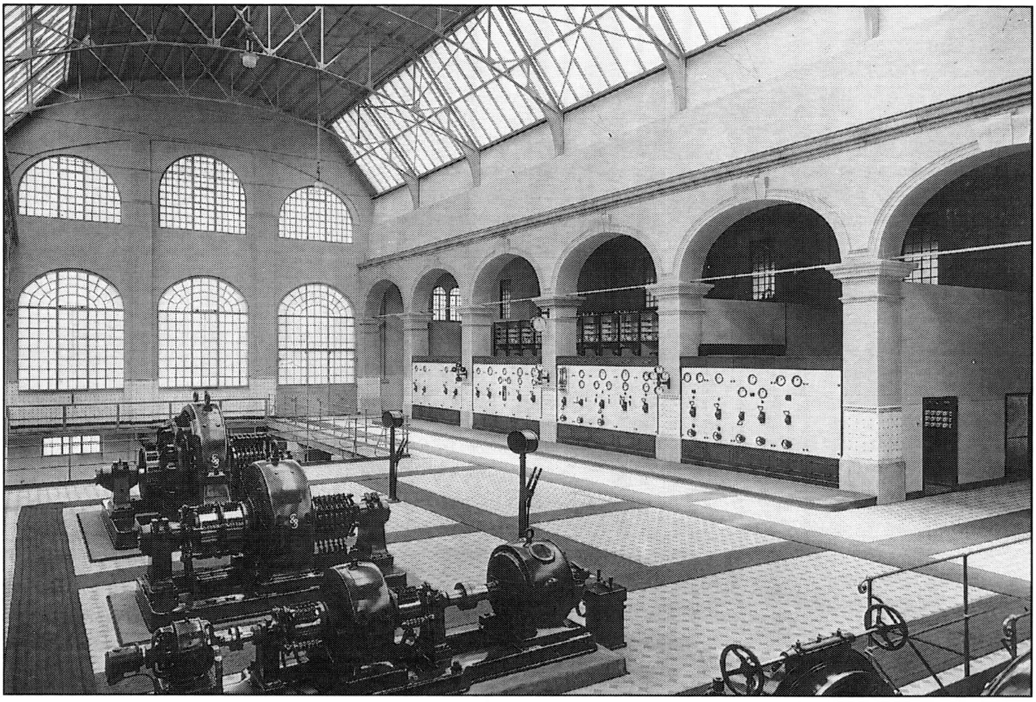

Dreizehn Jahre später zeigt sich die Halle modernisiert, mit wesentlich kleineren Geräten zur Erzeugung von Drehstrom. Inzwischen bezog die Stadt den Strom weitgehend von außerhalb.

Einzylinder-Dampfmaschinen mit großen Schwungrädern dienten 1906 zur Stromerzeugung.

Am Fuß des Schlossbergs unmittelbar beim Schwabentor lagen die Gebäude der Rommelschen Brauerei, die bald nach dieser Aufnahme um 1900 abgebrochen wurden.

Zur Wildpretzeit im November 1906 sind die beiden Aufnahmen des renommierten Feinkostgeschäftes Eduard Reinhard in der Günterstalstraße unweit der Kaiserbrücke entstanden.

15

Freizeitvergnügen

Der „Verschönerungsverein“ ließ 1876 den Waldsee und die Parkanlagen im Mösle anlegen. Die Aufnahme des beliebten Ausflugsziels ist 1896 entstanden. In dem Gebäude im Chaletstil befand sich schon damals ein Lokal.

In der Folge der Badischen Gewerbe-Ausstellung von 1887 entstand 1888 der Stadtgarten auf dem Gelände des Karlsplatzes. Die Aufnahme von 1909 zeigt ihn zu Füßen des Schlossbergs mit dem Restaurant „Dattler".

Wintervergnügen in der Idylle des ehemaligen Winzerdorfes Herdern vor der Sankt-Urbans-Kirche, Januar 1910.

Die Hauptstraße in Herdern im Januar 1910. Das nördlich von Freiburg gelegene Dorf hatte die Stadt schon 1457 erworben.

Schlittenfahrer an der Wonnhalde zwischen der Wiehre und Günterstal im Januar 1904.

Für die Eisproduktion und seit 1895 zum Vergnügen der Schlittschuhläufer wurden alljährlich die Wonnhaldewiesen durch Aufstauen des Hölderlebachs überflutet. Das Bild der „Städtischen Eisbahn“ entstand 1904.

Mit Brezelketten der weltbekannten Freiburger Brezelfabrik Julius Baader dekoriert zeigt sich eine Gruppe von Buben hinter der Johanneskirche vor dem Abmarsch zu einem im Juli 1913 organisierten Kinderfest auf dem Messplatz.

Der Wagen des großherzoglichen Paares beim Besuch zum 50-jährigen Regierungsjubiläum Friedrichs I. passiert am 2. Juni 1902 die festlich geschmückte Schwabentorbrücke.

Eine Schwarzwälder Familie ließ sich um 1900 vor dem Münstermodell aufnehmen, das 1896 vom Münsterbauverein für den Festzug zum 70. Geburtstag Friedrichs I. angefertigt worden war.

Leben in der Großstadt ...

Tauchen Sie ein in das quirlige Großstadtleben vergangener Tage. Spazieren Sie über breite Boulevards und stürzen Sie sich ins Nachtleben. Erkunden Sie ihre Stadt durch die Fensterscheiben einer Straßenbahn oder des ersten Käfers und bewundern Sie prächtig geschmückte Schaufenster.

www.suttonverlag.de

Erinnerungen an die Schulzeit …

Erinnern Sie sich noch an die Zeiten von Abakus und Schiefertafel, an Klassenausflüge oder den ersten Taschenrechner? Blicken Sie zurück auf große Klassen und gestrenge Schulmeister, entdecken Sie auf Klassenfotos Freunde und Bekannte von früher!

Gesellige Stunden im Verein …

Fußballclub und Schützenverein, Musikkapelle und Gesellenverein: Schauen Sie zurück auf Volksfeste und Turniere, Chorproben oder Prunksitzungen. Erinnern Sie sich an schöne Stunden und das gesellschaftliche Leben in Ihrer Heimat.